La anexión de Texas

De la República al Estado

T0136555

Joanne Mattern

Consultora

Julie Hyman, MS.Ed.
Coordinadora de estudios sociales
Birdville ISD

Créditos de publicación

Dona Herweck Rice, *Jefa de redacción*
Conni Medina, *Directora editorial*
Lee Aucoin, *Directora creativa*
Marcus McArthur, Ph.D., *Editor educativo asociado*
Neri García, *Diseñador principal*
Stephanie Reid, *Editora de fotografía*
Rachelle Cracchiolo, M.S.Ed., *Editora comercial*

Teacher Created Materials

5301 Oceanus Drive
Huntington Beach, CA 92649-1030
http://www.tcmpub.com
ISBN 978-1-4333-7215-5
© 2013 Teacher Created Materials, Inc.

Tabla de contenido

Un largo viaje 4–5

La lucha por la libertad 6–9

Una nueva república 10–13

La lucha por obtener la condición de estado 14–23

¡Finalmente un estado! 24–27

Un estado unido, una nación dividida 28–29

Glosario 30

Índice 31

¡Es tu turno! 32

Un largo viaje

Texas ha cambiado mucho a lo largo de su historia. Al principio, los indígenas americanos deambulaban por las tierras de Texas. Cuando los exploradores europeos llegaron a Texas, reclamaron las tierras para España. Luego, en 1821, Texas pasó a formar parte de México.

México quería que la zona se poblara. Entonces, invitó a los habitantes de Estados Unidos a que se mudaran a Texas a cambio de tierras. Pero a estos **colonos**, o pobladores, estadounidenses no les gustaba la forma en que México los trataba. Los pobladores estadounidenses y los **tejanos** nacidos en México querían tener sus propias reglas.

Los exploradores españoles desembarcan en el Nuevo Mundo.

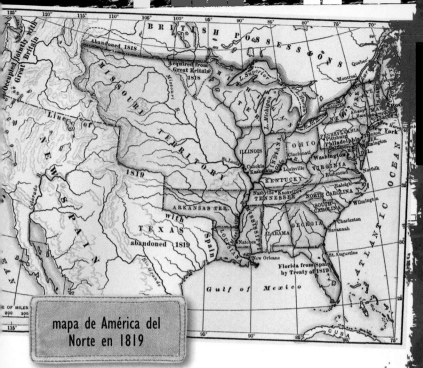

mapa de América del Norte en 1819

Para la década de 1830 los habitantes de Texas estaban listos para luchar por su libertad. Luego de una guerra corta pero sangrienta, Texas ganó su independencia. Ahora, Texas era una **república**. Era un país separado con su propio gobierno.

La República de Texas enfrentó muchos problemas. Tenía muchos líderes fuertes, pero la mayoría de ellos sabía que Texas necesitaba ayuda. Algunos de ellos esperaban obtener la ayuda de Estados Unidos, pero no todos coincidían en que unirse a Estados Unidos resolvería sus problemas.

La bandera de la estrella solitaria

La bandera de Texas se adoptó en 1838. Tiene una franja roja, una blanca y una azul con una sola estrella blanca situada del lado izquierdo. El color azul representa la lealtad; el blanco, la pureza y el rojo, la valentía. La estrella simboliza la unidad de Texas cuando se declaró la independencia de México. Cuando Texas se convirtió en un estado, mantuvo la misma bandera que tenía cuando era una república.

Tejanos

Los tejanos eran mexicanos que vivían en Texas. Los historiadores utilizan este término para distinguir a los texanos que nacieron en Estados Unidos de los texanos que nacieron en México, especialmente durante la **Revolución** de Texas.

La lucha por la libertad
Texas contra México

En 1835 Antonio López de Santa Anna estaba preocupado por la gran cantidad de estadounidenses que estaba viviendo en Texas. Así que prohibió la **inmigración** estadounidense en Texas. Santa Anna también hizo que los estadounidenses pagaran impuestos más altos. La mayoría de los estadounidenses sintió que Santa Anna era injusto. Tenían miedo de que las cosas empeoraran para ellos. Entonces, decidieron luchar por su libertad.

En 2 de octubre de 1835 Texas y México lucharon en la batalla de González. Los soldados de Texas vencieron al ejército mexicano. Pero la batalla de González iba a ser la batalla inicial de una sangrienta guerra por la independencia de Texas.

Mientras los soldados luchaban, los líderes de Texas estaban muy atareados. En febrero de 1836 los texanos eligieron **delegados**. Estos delegados representaron a Texas en una **convención**. El 1.º de marzo estos 59 hombres se reunieron en Washington-on-the-Brazos. Tenían que trabajar con rapidez porque los soldados mexicanos se dirigían hacia donde ellos se encontraban.

Santa Anna lidera el ejército mexicano.

6

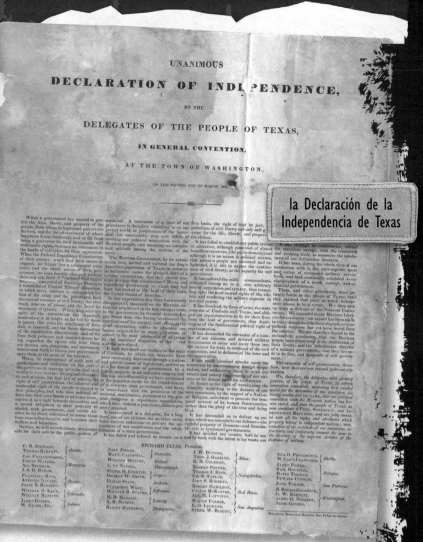

la Declaración de la Independencia de Texas

Stephen F. Austin

El primer ejército de Texas

Texas no tenía un ejército cuando los mexicanos atacaron en la batalla de González. Los soldados en González eran voluntarios que lucharon por su libertad y por sus hogares. Luego de la batalla, Stephen F. Austin formó y lideró el primer ejército de voluntarios de Texas.

Un buen modelo

La Declaración de la Independencia de Texas está basada en la Declaración de la Independencia de Estados Unidos. Al igual que en la versión estadounidense, la Declaración de Texas explicaba las razones por las cuales Texas quería ser una república separada. Cinco hombres redactaron la Declaración de Texas en menos de un día.

En la convención, los delegados redactaron la Declaración de la Independencia de Texas. La misma declaraba que Texas era una república libre. Los hombres también eligieron líderes que se desempeñarían como dirigentes hasta que se pudiera llamar a elecciones. David G. Burnet fue elegido presidente **interino** de Texas.

Una guerra terrible

Texas reclamaba ser un país libre, pero todavía tenía que ganar su libertad en el campo de batalla. En marzo de 1836 Texas enfrentó dos terribles derrotas. La primera fue el 6 de marzo en una antigua **misión** llamada *El Álamo*. Después de un **sitio** que duró 13 días, los mexicanos irrumpieron en El Álamo y mataron a casi todos los hombres que se encontraban dentro. Unas pocas semanas después el ejército mexicano venció a los texanos en un lugar llamado *Goliad*.

Sam Houston (en el extremo izquierdo) arremete contra las tropas mexicanas.

Texas necesitaba un héroe que concentrara a los texanos bajo la causa de la libertad. Sam Houston desempeñó este papel. Houston lideró un ejército hacia la parte del este de Texas, donde sus hombres enfrentaron a las fuerzas de Santa Anna. Los dos ejércitos lucharon en la batalla de San Jacinto el 21 de abril. Houston venció fácilmente a los mexicanos y capturó a Santa Anna.

Muchos pensaban que Santa Anna debía morir, pero Houston y los demás líderes texanos lo dejaron ir. El 14 de mayo Santa Anna firmó el **tratado** de Velasco. El tratado daba fin a la guerra con Texas. Santa Anna recuperó su libertad luego de firmar el tratado, pero no mantuvo su palabra. Santa Anna tenía la esperanza de que Texas volviera a ser parte de México otra vez.

Los soldados mexicanos incendian El Álamo.

Sam Houston

Sam Houston

Sam Houston nació en Virginia en 1793. Durante su vida vivió con los indígenas americanos cherokee y fue gobernador de Tennessee. También se desempeñó como representante de Tennessee para Estados Unidos. Luego se convirtió en un héroe de guerra y, más tarde, en el segundo presidente de Texas. Luego de la incorporación de Texas a Estados Unidos se desempeñó como gobernador del estado. Muchas personas consideran a Houston uno de los grandes héroes de la historia de Texas.

Una nueva república

Los primeros presidentes

David G. Burnet gobernó Texas hasta que la república realizó elecciones. El 22 de octubre de 1836 Sam Houston se convirtió en el primer presidente electo de la República de Texas. Mirabeau Lamar había luchado en la batalla de San Jacinto junto con Houston. Lamar fue elegido vicepresidente de Houston, pero los dos hombres tenían ideas muy diferentes acerca de cómo dirigir la nueva república.

Sam Houston

La República de Texas enfrentó muchos problemas. Tenía grandes **deudas** y muchos problemas con los indígenas americanos. Houston quería hacer tratados de paz con las tribus de Texas. México resultó ser otro problema. Houston sabía que México seguiría causando problemas. Houston quería que Texas se uniera a Estados Unidos porque creía que, siendo parte de Estados Unidos, Texas tendría mayores probabilidades de sobrevivencia.

Lamar pensaba diferente. No quería firmar tratados de paz con los indígenas americanos. En cambio, quería expulsarlos de la república. Lamar también quería que Texas siguiera siendo independiente porque no creía que la república necesitara unirse a Estados Unidos. Más aun, quería que Texas se hiciera más grande y se extendiera hasta el océano Pacífico.

capitolio de Texas
en Austin

Cuatro presidentes

Texas tuvo cuatro presidentes en el período que va desde la independencia hasta obtener la categoría de estado. Burnet cumplió el mandato más corto: solo siete meses. Sam Houston fue el único presidente que ejerció dos mandatos.

¿Dónde está la capital?

La capital de Texas se trasladó muchas veces durante el primer año de la república. Durante 1836 la capital estuvo ubicada en Washington-on-the-Brazos, Harrisburg, Galveston, Velasco y Columbia. Luego se trasladó a Houston por dos años. Finalmente la capital se trasladó a Austin en 1839. Estos cambios frecuentes ocurrieron porque el gobierno de Texas quería eludir al ejército mexicano.

Nacogdoches Texas
12th Aug 1838

Mr Charles Sims.

Sir.

You will proceed to the various tribes of Indians, and assure them, that no harm is intended towards them, but that the Treaty shall be kept with them, and that they shall have their homes and their lands, and Peace will be kept with them. Tell them my words shall not perish — Let them remain at peace. It is said that whitemen intend to march against

carta de Houston que prometía a los cherokee que podrían mantener sus tierras

¡Rebelión!

Había muchas tribus de indígenas americanos en Texas. El presidente Houston hizo todo lo que pudo por mantener la paz con ellos. Firmó tratados con muchas tribus, pero la que más le preocupaba era la tribu cherokee. Los cherokee estaban establecidos en buenas tierras al este de Texas. Houston les prometió que podrían quedarse en estas tierras y pidió al Senado de Texas que aprobara un tratado entre Texas y los cherokee. Pero el Senado rechazó esta solicitud.

En verano de 1838 algunos habitantes de un pueblo al este de Texas llamados *Nacogdoches* descubrieron un complot conocido como la *rebelión de Córdova*.

Los cherokee

Los cherokee vivían en lo que ahora se conoce como los estados de Georgia, Tennessee, Carolina del Norte, Carolina del Sur, Alabama, Kentucky, Virginia, y Virginia Occidental. Con en tiempo, el gobierno de Estados Unidos los obligó a dejar sus tierras. Algunos se establecieron en Texas, pero más tarde tuvieron que trasladarse a la actual Oklahoma.

Los *Rangers* de Texas

Stephen F. Austin fundó a los *Rangers* de Texas en 1823. Contrató a 10 hombres para proteger a cientos de familias que se mudaron a Texas luego de que México se independizó de España. En 1835 los *Rangers* de Texas se convirtieron en una organización formal.

Los cherokee estaban enojados porque Texas no cumplió su promesa de permitir a la tribu habitar sus tierras. Se reunieron con un juez llamado Vicente Córdova en Nacogdoches. Él hizo un tratado secreto con México. Córdova prometió que los cherokee atacarían a los colonos de Texas y ayudarían a México a recuperar Texas. En recompensa, México prometió que los cherokee tendrían sus tierras.

Los líderes de Texas descubrieron el complot. Hubo muchas batallas entre los cherokee y los *Rangers* de Texas. Texas capturó a algunos de los rebeldes y los juzgó por **traición**. La rebelión de Córdova había terminado, pero los problemas entre Texas y los cherokee continuaron.

13

La lucha por obtener la condición de estado

Ideas diferentes

Sam Houston fue el presidente de Texas desde 1836 hasta 1838. La ley de Texas decía que un presidente no podía gobernar dos mandatos seguidos, así que Mirabeau Lamar se convirtió en el nuevo presidente en 1838. Lamar quería que Texas se extendiera hacia el oeste, hacia el océano Pacífico. También quería que Texas fundara un banco nacional y escuelas públicas gratuitas.

Lamar sabía que era importante proteger las fronteras de Texas. Quería construir puestos militares a lo largo de la frontera con México. También dijo que Texas necesitaba una flota que protegiera a los barcos texanos en el mar.

Uno de los objetivos principales de Lamar era desalojar a los indígenas americanos de Texas. Sam Houston quería ser amigo de los indígenas americanos, pero Lamar no. Lamar decía que las tribus no tenían derecho a poseer ninguna tierra en Texas. Obligó a la mayoría de los indígenas americanos a dejar la región. Los amigos cherokee de Houston se vieron obligados a trasladarse a Oklahoma.

Mirabeau Lamar

Lamar también disentía con Houston acerca de la unión con Estados Unidos. Creía que Texas podía ser una nación grande y poderosa por sus propios medios.

El *Independencia* era un barco de la marina de Texas.

CAPTURE OF THE INDEPENDENCE

Este cuadro muestra los barcos contratados por la marina de Texas.

IV. Ships of the Texas Navy

Name	Type	Origin	Commissioned	Tonnage	Length	Beam	Draft	Crew[1]	Guns	Disposition
Independence (Ingham).[2]	Ex-U.S. Revenue Cutter.	Purchased New Orleans.	Early 1836	180	89'	x[3]	x	9–11	Small guns	Captured off Galveston, 17 April 1837.
Brutus	Schooner	Purchased New Orleans.	February 1836	160	approx. 180'	x	x	40	1 18-pdr. swivel; 9 smaller guns.	Wrecked off Galveston, 27 August 1837.
Liberty (William Robbins).	Schooner	Purchased Galveston.	9 January 1836	70	x	x	x	20–50	6 small guns	Sold at New Orleans, 1837.
Invincible	Schooner	Purchased Galveston.	Early 1836	100	x	x	x	40	1 9-pdr. swivel; 6 carronades.	Wrecked off Galveston, 27 August 1837.
Potomac	Ex-merchant brig.	Purchased Galveston.	1838	x	x	x	x	Served as station and receiving ship at Galveston.		Apparently never left Galveston.
Zavala (Charleston).	Steamship-of-War	Philadelphia; purchased 1837 & armed.	23 March 1839	569	201'	24'	12'	24 officers, 102 enlisted.	4 12-pdr. medium; 1 9-pdr. long.	Run ashore at Galveston, June, 1842; sold for scrap, June, 1843.
San Jacinto (Viper).	Schooner	Built in Baltimore.	27 June 1839	170	66'	21'6"	8'	13 officers, 69 enlisted.	4 12-pdr. medium; 1 9-pdr. long pivot.	Damaged at Arcas Island, 31 October 1840; wrecked by a gale there 25 November 1840.
San Antonio (Asp).	Schooner	Built in Baltimore.	7 August 1839	170	66'	21'6"	8'	13 officers, 69 enlisted.	Same as San Jacinto.	Lost at sea, September 1842.
San Bernard (Scorpion).	Schooner	Built in Baltimore.	31 August 1839	170	66'	21'6"	8'	13 officers, 69 enlisted.	Same as San Jacinto.	Beached at Galveston, September 1842; repaired, transferred to U.S. Navy, 11 May 1846; sold for $150, 30 November 1846.
Louisville (Striped Pig).	Schooner (tender).	x	Bought 25 Sept. 1839.	95	x	x	x	x	x	x
Wharton (Colorado).	Brig	Built in Baltimore.	Delivered 18 Oct. 1839.	405	110'	28'	11'	17 officers, 123 enlisted.	15 18-pdr. medium; 1 12-pdr. long.	Transferred to U.S. Navy, 11 May 1846; sold to Galveston for $55, 30 November 1846.
Austin (Texas).	Sloop-of-War	Built in Baltimore.	5 January 1840	600	125'	31'	12'6"	23 officers, 151 enlisted.	16 24-pdr. medium; 2 18-pdr. medium; 2 18-pdr. long.	Transferred to U.S. Navy 11 May 1846; towed to Pensacola; run aground and broken up, 1868.
Archer (Galveston-Brazos).	Brig	Built in Baltimore.	23 April 1840	400	110'	28'	11'	17 officers, 123 enlisted.	14 18-pdr. medium.	Transferred to U.S. Navy, 11 May 1846; sold for $450, 30 November 1846.

[1] Crew figures indicate complement if fully manned.
[2] Names in parentheses indicate other names by which the vessel was known in her career.
[3] Unknown or unavailable information is indicated by an x.

Mirabeau Lamar

Mirabeau Lamar nació en Georgia en 1798. Se mudó a Texas en 1835. Lamar se convirtió en un héroe en la batalla de San Jacinto. Fue el secretario de guerra de Texas antes de convertirse en el vicepresidente bajo el mandato de Sam Houston. Lamar murió en 1859.

La marina de Texas

Texas tuvo dos marinas. La primera flota se formó en 1836 y tenía cuatro barcos. Estos barcos bloquearon las rutas de suministros hacia el ejército de Santa Anna y ayudaron a Texas a ganar su independencia. En 1839 se formó una segunda marina. Cuando Texas se unió a Estados Unidos, sus barcos pasaron a formar parte de la marina de Estados Unidos.

Muerte en el Ayuntamiento

   Durante años los pobladores de Texas y las tribus comanche lucharon por las tierras. Para 1840 los comanche estaban debilitados por la **viruela** y por los ataques de los *Rangers* de Texas. Varios miembros de las tribus fueron a San Antonio a reunirse con los líderes de Texas. Texas exigió que los comanche devolvieran a todos los prisioneros, se marcharan de la zona central de Texas y se mantuvieran alejados de todos los pobladores blancos.

   El 19 de marzo los miembros comanche llegaron a San Antonio. Se reunieron en un edificio llamado *Ayuntamiento*. Los comanche solo pudieron llevar a algunos prisioneros con ellos. Esto se debía a que los demás prisioneros estaban en manos de otras **bandas**. Los líderes de Texas dijeron que mantendrían a los comanche como rehenes hasta que soltaran a todos los prisioneros.

Los comanche trataron de escapar del ayuntamiento y se desató una terrible batalla. Los soldados de Texas mataron a 35 comanche y tomaron a otros 29 miembros comanche como prisioneros.

El combate del Ayuntamiento hizo que los comanche se enojaran mucho. Para vengarse de Texas, dirigieron un **asalto** que se extendió por todo el valle del río Guadalupe. Durante el asalto vistieron sombreros y ropas robadas.

La viruela se propaga por una aldea de indígenas americanos.

Los comanche buscaron venganza luego del combate en el Ayuntamiento de 1840.

Viruela

Cuando los exploradores europeos vinieron a América trajeron enfermedades como la viruela. La enfermedad exterminó a tribus enteras de indígenas americanos, los cuales no tenían anticuerpos contra la viruela y no podían luchar contra la infección.

Malentendido

El jefe comanche no podía entregar a los prisioneros texanos. Otras bandas comanche los tenían prisioneros y el jefe no tenía autoridad sobre ellos. El jefe no era el jefe de estas bandas comanche. Los líderes de Texas no entendieron esto. Creyeron que el jefe comanche estaba mintiendo.

El viaje a Santa Fe

Muchos colonos vivían al oeste de Texas, en Nuevo México, que era parte de México en aquella época. Lamar quería que Texas se expandiera hacia el oeste. Decía que estos colonos debían formar parte de Texas. Si Nuevo México se unía a Texas, entonces Texas tendría el control de importantes rutas comerciales que pasaban por esa zona. Lamar quería controlar el sendero de Santa Fe porque era la ruta más importante del oeste.

Lamar escribió una carta al gobernador de Nuevo México invitando al territorio mexicano a volverse parte de Texas. El gobernador nunca respondió esta carta, pero Lamar se negó a abandonar su propósito. Decidió enviar un grupo de hombres a Nuevo México para convencer a la región de que se uniera a Texas.

La expedición de Santa Fe observa a los indígenas americanos cazando un bisonte.

el sendero de Santa Fe

En junio de 1841 la **expedición** de Santa Fe partió hacia Nuevo México. El largo viaje a través del desierto era muy duro. El grupo no llegó a Santa Fe hasta el mes de septiembre. Creyeron que los residentes vendrían a recibirlos. En cambio, ¡se llevaron una gran sorpresa! El gobernador de Nuevo México había enviado un ejército para detener la expedición. Los miembros de la expedición se rindieron. Fueron tomados prisioneros y se los envió a México. No regresaron a sus hogares hasta abril de 1842.

El camino hacia el oeste

El sendero de Santa Fe era la ruta principal que iba de Misuri a México y al sudoeste. Miles de personas y provisiones atravesaban el sendero de Santa Fe. Más tarde, esta ruta pasó a formar parte del ferrocarril que unía el este de Estados Unidos con el oeste de los Estados Unidos.

¿México o Texas?

Originalmente Nuevo México era parte del territorio español llamado *Nueva España*. Se convirtió en parte de México en 1821. Aunque Texas reclamaba parte de la tierra, Nuevo México permaneció bajo el dominio mexicano hasta 1848.

Nuevos amigos, viejos enemigos

El mandato presidencial de Lamar llegó a su fin en 1841. Texas tenía muchas deudas, todavía seguía luchando con México y muchas personas eran infelices. En 1841 Sam Houston se postuló para la presidencia nuevamente y ganó.

La meta de Houston era hacer de Texas una república fuerte. Se reunió con los dirigentes de otros países y les pidió que reconocieran a Texas como una república libre. Francia y Gran Bretaña aceptaron. Ambos países firmaron tratados oficiales con Texas. Ahora otros países sabían que Francia y Gran Bretaña ayudarían a Texas si se encontraba en problemas.

Texas todavía tenía deudas, así que Houston pidió préstamos a los bancos estadounidenses. También tomó propiedades de los mexicanos para ayudar a pagar algunas de las deudas de Texas. Lentamente la República de Texas se fortaleció. Sin embargo, la república todavía tenía un viejo problema: México.

Sam Houston

Santa Anna

Promesa rota

Muchos pensaban que Santa Anna debía haber muerto cuando Houston lo capturó en la batalla de San Jacinto. En cambio, Houston dejó ir a Santa Anna porque él prometió dejar de luchar contra Texas. Pero Santa Anna no cumplió su promesa.

Un francés

Adrian Woll luchó a favor de México pero no era mexicano. Woll nació en Francia. Había venido a Estados Unidos y eventualmente se mudó a México. Tras una larga carrera militar allí regresó a Francia, donde murió en 1875.

En octubre de 1841 Santa Anna llegó a ser presidente de México por segunda vez. Estaba decidido a lograr que Texas volviera a ser parte de México. En 1842 Santa Anna envió un ejército a Texas. El 5 de marzo Rafael Vásquez estuvo a la cabeza de un ejército mexicano de alrededor de 700 hombres que ingresaron en San Antonio. Los texanos sabían que no ganarían la batalla y huyeron de la ciudad sin pelear. Habiendo capturado la ciudad con éxito, Vásquez dejó San Antonio dos días más tarde. Pero Adrian Woll ingresaría a San Antonio con otro ejército mexicano más tarde durante ese mismo año.

Adrian Woll

La lucha continúa

El 11 de septiembre de 1842 el general Woll penetró en San Antonio con 1,400 soldados. Luego de la primera invasión de Vásquez el capitán Matthew Caldwell había levantado un ejército de 225 voluntarios texanos. Su ejército se encontró con el ejército de los 14 del capitán John C. Hays en el arroyo Salado. Este sitio se encontraba a alrededor de 7 millas (11 km) de distancia en las afueras de San Antonio. Allí, los dos ejércitos idearon un plan. Los hombres de Hays engañarían a las tropas mexicanas para que salieran de San Antonio y se dirigieran hacia el arroyo Salado. Allí estarían esperando los texanos y listos para la batalla. ¡El plan funcionó! Los texanos pudieron atacar y ahuyentar con éxito al ejército mexicano.

capitán John C. Hays

Los soldados texanos sacan frijoles luego del fracaso de la expedición Mier.

Lotería mortal

Luego de la expedición Mier, los líderes mexicanos ordenaron la ejecución de cada décimo prisionero texano. Decidieron llevar a cabo una **lotería** para decidir qué hombres morirían. Los hombres tenían que sacar frijoles de una gran vasija. Aquellos que sacaron frijoles blancos se salvaron. Aquellos que sacaron frijoles negros fueron fusilados.

La masacre de Dawson

El capitán Nicholas M. Dawson también había armado un ejército de 53 texanos. Dawson creía que los hombres de Caldwell estaban en grave peligro. Rápidamente se dirigió hacia el arroyo Salado con su ejército para socorrerlos. Pero sus hombres fueron interceptados por 500 soldados mexicanos. Los hombres de Dawson lucharon valientemente pero finalmente fueron superados en número por los mexicanos. Dos hombres escaparon, 15 fueron tomados prisioneros y 36 fueron ejecutados.

En diciembre de 1842 el presidente Houston envió soldados a la zona bajo el comando del general Alexander Somervell. Somervell capturó los pueblos mexicanos de Laredo y Guerrero. La mayoría de los texanos regresó a casa porque no tenían suficientes provisiones, pero un grupo de más de 300 hombres se negó a retirarse. Marcharon a lo largo de río Grande hacia la ciudad de Mier. Ordenaron a las personas de Mier que les dieran comida y provisiones.

El ejército mexicano se apresuró a defender Mier. El ejército mexicano era 10 veces más grande que las fuerzas de Texas. Los soldados texanos no tuvieron otra opción más que rendirse.

un cartel que anuncia una reunión de neoyorquinos en contra de la anexión

NO ANNEXATION
OF
TEXAS

It having been announced by the Government organ that a Treaty for the Annexation of Texas has been negotiated and signed, and will soon be presented to the Senate, the undersigned call upon the citizens of New York, without distinction of Party, who are opposed to the Ratification of said Treaty, to meet at the Tabernacle, on Monday evening, the 22d of April inst., to express their opposition to the same.

Dated, *New York, April 18th, 1844.*

Anson Jones

¡Finalmente un estado!
"La República de Texas ya no existe"

En 1844 Anson Jones se convirtió en el presidente de Texas. Tanto Jones como Houston querían que Estados Unidos **anexara**, o incorporara, a Texas al país. Jones sabía que Estados Unidos protegería a Texas de México.

El presidente John Tyler y el congreso de Estados Unidos apoyaron la anexión de Texas. Les gustaba el hecho de que Texas agregaría una gran cantidad de tierras a Estados Unidos. Y sabían que Gran Bretaña estaba tratando de bloquear la anexión y la expansión de Estados Unidos hacia el oeste. Además, Texas entraría en la Unión como un estado esclavista. Esto era importante para los sureños. Ellos querían que la esclavitud se extendiera hacia los territorios del oeste. Pero los norteños que estaban en contra de la esclavitud no aprobaban que Texas se anexara como estado esclavista.

Tyler firmó la **resolución conjunta** de la anexión de Texas el 1º de marzo de 1845. Pero el congreso de Texas todavía tenía que aceptar unirse a Estados Unidos. Para este entonces, el gobierno mexicano había ofrecido reconocer a la República de Texas. Pero los dirigentes de Texas estaban decididos a unirse a Estados Unidos. El 4 de julio, el día en que los estadounidenses celebraban su independencia, el congreso de Texas aceptó unirse a Estados Unidos.

En el momento en que Texas aceptó la anexión, James K. Polk era el nuevo presidente de Estados Unidos. El 29 de diciembre de 1845 Polk dio la bienvenida a Texas como el 28.º estado. Texas había sido una república por un poco menos de 10 años.

James K. Polk

¡No tan rápido!

A México no le gustó la idea de que Texas pasara a ser parte de Estados Unidos. México envió un tratado de paz a Texas justo antes de que Texas votara por la unión a Estados Unidos. Pero Texas no tenía interés y nunca firmó el tratado. El 19 de diciembre de 1846 el presidente Jones transfirió sus poderes al gobernador de Texas James Pinckney Henderson. Jones dijo: "Se lleva a cabo el acto final de este gran drama; la República de Texas ya no existe".

No era el único

Texas no era el único estado que había sido una república libre antes de unirse a Estados Unidos. Vermont había sido independiente antes de unirse a Estados Unidos en 1791. Hawái fue un reino y una república antes de convertirse en el 50.º estado en 1959.

La guerra Mexicano-americana

México estaba enojado porque Estados Unidos había anexado a Texas. México y Estados Unidos tampoco se ponían de acuerdo con respecto a las fronteras entre Texas y México. Estados Unidos decía que el límite era río Grande. México decía que la frontera estaba más al norte, en el río Nueces.

El presidente Polk envió al **agente** de EE. UU. John Slidell en secreto a la Ciudad de México para hacer un tratado con los dirigentes mexicanos. Polk quería comprar la totalidad del territorio al oeste del océano Pacífico por $30 millones. Cuando Slidell llegó, el presidente mexicano se negó a recibirlo.

El ejército de México atacó a los soldados estadounidenses cerca de río Grande. Polk pidió al congreso que declarara la guerra contra México. Polk dijo al congreso que México había "invadido nuestro territorio y derramado sangre estadounidense sobre el suelo estadounidense". En mayo de 1846 el congreso declaró la guerra a México. Esto marcó el comienzo de la guerra Mexicano-americana.

Las tropas estadounidenses ocupan la Ciudad de México luego de la guerra Mexicano-americana.

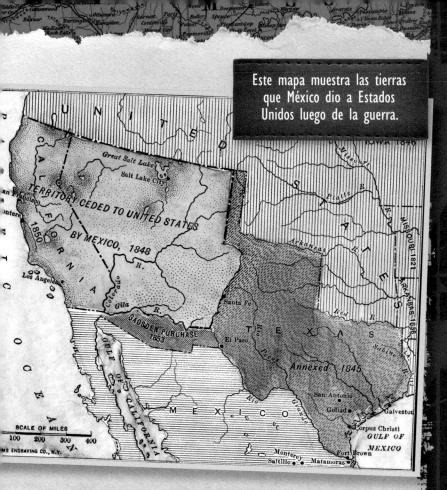

Este mapa muestra las tierras que México dio a Estados Unidos luego de la guerra.

¡Qué buen negocio!

Luego de la guerra Estados Unidos compró tierras a México mediante el tratado de Guadalupe Hidalgo. Por la mitad del precio que estaba dispuesto a pagar antes de la guerra, Estados Unidos compró todas las tierras al oeste del océano Pacífico. Dichas tierras son ahora los estados de California, Nevada, Utah y algunas partes de Colorado, Nuevo México y Arizona.

¡Aún más tierras!

En 1853, solo cinco años después de la guerra, Estados Unidos compró incluso más tierras a México. La compra de Gadsden dio a Estados Unidos las partes del sur de Nuevo México y Arizona. México recibió $10 millones como pago por las tierras.

La guerra no duró mucho. Estados Unidos era mucho más poderoso que México. El 2 de febrero de 1848, México y Estados Unidos firmaron el tratado de Guadalupe Hidalgo. Este tratado decía que la frontera entre Texas y México era el río Grande. El tratado también permitía a Estados Unidos comprar las tierras al oeste de Texas por $15 millones.

El senado de Estados Unidos debate el acuerdo de 1850.

Un estado unido, una nación dividida

En la primera mitad del siglo XIX la esclavitud dividió a Estados Unidos. Muchos norteños estaban en contra de la esclavitud. Pero la mayoría de los sureños la apoyaba. Se estaban formando nuevos estados en los territorios del oeste. Era hora de que el país decidiera si se permitiría la esclavitud en estos nuevos estados.

Los estados sureños dijeron que entrarían en **secesión** o se retirarían de la Unión si no se les permitía llevar a sus esclavos a los estados del oeste. Para detenerlos, Estados Unidos aprobó el **acuerdo** de 1850. El acuerdo decía que Estados Unidos daría a Texas millones de dólares para ayudar a pagar sus deudas. Texas debía renunciar a su pretensión sobre Nuevo México. La esclavitud solo se permitiría en algunas partes de los territorios del oeste.

El acuerdo de 1850 no pudo mantener la paz por mucho tiempo. En 1861, 11 estados sureños se separaron de Estados Unidos. Formaron un nuevo país llamado *Estados Confederados de América*, o la **Confederación**. Texas dejó a Estados Unidos y se unió a la Confederación. La guerra de Secesión de Estados Unidos había empezado.

El camino que llevó a Texas de ser un territorio mexicano a convertirse en un estado estadounidense estuvo lleno de desafíos. Muchos héroes texanos dieron sus vidas por la independencia y por obtener la categoría de estado.

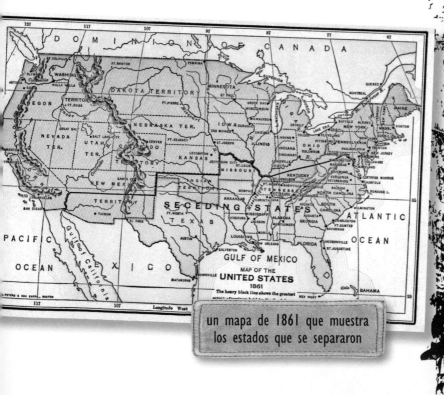
un mapa de 1861 que muestra los estados que se separaron

La línea divisoria

La línea que dividía el norte del sur se llamó *Línea Mason-Dixon*. Esta línea se trazó por primera vez en 1760 para terminar con una discusión sobre las fronteras entre las colonias británicas. La línea recibió su nombre de los dos hombres que estudiaron el mapa y trazaron la línea.

El crecimiento de la población

Texas tenía alrededor de 50,000 habitantes cuando se inició la república en 1836. En 1848 su población había aumentado a más de 158,000. La población de Texas continuó creciendo desde entonces.

Glosario

acuerdo: un compromiso entre personas que han renunciado a algunas de sus demandas

agente: una persona que actúa o hace negocios en nombre de otra

anexara: tomara un territorio y hacerlo que forme parte de un territorio más grande

asalto: un ataque repentino; robar o destruir una propiedad

bandas: pequeños grupos familiares

colonos: personas que fundan una colonia o se establecen en un área

Confederación: el gobierno de los estados sureños que se separó de Estados Unidos entre 1861 y 1865

convención: una reunión para discutir asuntos comunes

delegados: personas que representan a otras personas en una reunión

deudas: dinero que se debe a otra persona o a varias personas

expedición: un viaje realizado para un propósito específico, especialmente para explorar

inmigración: el acto de irse a vivir a otro país

interino: temporal

lotería: un juego de apuestas donde se venden números y luego se da un premio al número que ha sido elegido al azar

misión: un puesto de frontera religioso y militar fundado por los españoles durante la colonización

Nueva España: las zonas reclamadas por España, que incluían a México y la parte sudoeste de Estados Unidos

república: un sistema político en el que las personas eligen representantes para que dicten leyes

resolución conjunta: una resolución o declaración aceptada por el Senado de Estados Unidos y por la Cámara, que luego es aprobada por el presidente

revolución: el acto de derrocar y sustituir un gobierno por otro

secesión: la separación de un país para formar un nuevo gobierno

sitio: una estrategia militar en la cual las tropas rodean un área y la aislan del exterior para forzarla a que se rinda

tejanos: texanos nacidos en México

traición: el crimen de traicionar o luchar en contra del propio gobierno

tratado: un acuerdo legal entre dos gobiernos

viruela: una enfermedad causada por un virus cuyos síntomas son la fiebre y el sarpullido en la piel

Índice

acuerdo de 1850, 28–29

arroyo Salado, 22–23

Austin, Stephen F., 7, 13

batalla de González, 6–7

batalla de San Jacinto, 8, 10, 15, 21

Burnet, David G., 7, 10–11

cherokee, 9, 12–14

Ciudad de México, 26

comanche, 16–17

combate del Ayuntamiento, 17

compra de Gadsden, 27

Confederación, 29

Córdova, Vicente, 13

Dawson, Nicholas M., 23

Declaración de la Independencia de Texas, 7

El Álamo, 8–9

esclavitud, 24, 28

España, 4, 13

Estados Unidos, 4–5, 7, 9–11, 13–15, 19, 21, 24–29

expedición de Santa Fe, 18–19

Francia, 20–21

Galveston, 11

Goliad, 8

Gran Bretaña, 20, 24

guerra de Secesión de Estados Unidos, 29

guerra Mexicano-americana, 26

Guerrero, 23

Hays, John C., 22

Houston, Sam, 8–12, 14–15, 20–21, 23–24

indígenas americanos, 4, 9–12, 14, 17–18

Jones, Anson, 24

Lamar, Mirabeau, 10–11, 14–15, 18, 20

Laredo, 23

Línea Mason-Dixon, 29

marina de Texas, 15

masacre de Dawson, 23

México, 4–6, 8, 10, 13–14, 18–21, 24–27

Mier, 23

Nacogdoches, 12

Nueva España, 19

Nuevo México, 18–19, 27–28

océano Pacífico, 11, 14, 26–27

Oklahoma, 13–14

Polk, James, 25–26

Rangers de Texas, 13, 16

rebelión de Córdova, 12–13

río Grande, 23, 26–27

río Guadalupe, 17

río Nueces, 26

San Antonio, 16, 21–22

Santa Anna, Antonio López de, 6, 8, 15, 21

sendero de Santa Fe, 18–19

Slidell, John, 26

Somervell, general Alexander, 23

tejanos, 4–5

tratado de Guadalupe Hidalgo, 27

tratado de Velasco, 8

Tyler, John, 24

Vásquez, Rafael, 21–22

Velasco, 11

Washington-on-the-Brazos, 6, 11

Woll, Adrian, 21–22

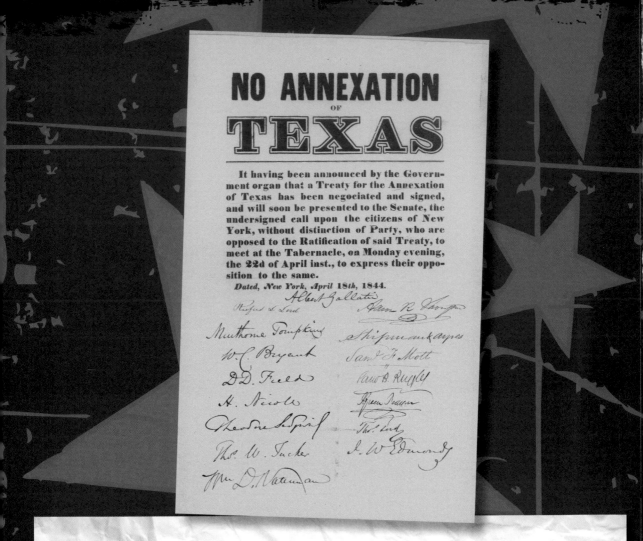

NO ANNEXATION
OF
TEXAS

It having been announced by the Government organ that a Treaty for the Annexation of Texas has been negociated and signed, and will soon be presented to the Senate, the undersigned call upon the citizens of New York, without distinction of Party, who are opposed to the Ratification of said Treaty, to meet at the Tabernacle, on Monday evening, the 22d of April inst., to express their opposition to the same.

Dated, New York, April 18th, 1844.

¡Es tu turno!

En 1844 había un gran debate acerca de si Texas debía unirse o no a Estados Unidos. El presidente John Tyler apoyaba la anexión. Pero muchos norteños estaban en contra de que Texas se anexara como estado esclavista.

¿Anexar o no anexar?

Escribe un eslogan pegadizo que esté a favor o en contra de la anexión de Texas.